George Curtisius

Der DIKTATOR

So löst er Deutschlands Probleme in einer besseren Demokratie

Impressum

Bibliografische Information der Deutschen Nationalbibliothek: Die Deutsche Nationalbibliothek verzeichnet diese Publikation in der Deutschen Nationalbibliografie; detaillierte bibliografische Daten sind im Internet über dnb.dnb.de abrufbar.

Herstellung und Verlag:
BoD – Books on Demand, Norderstedt
ISBN: 9 783757 828387

Inhaltsverzeichnis

Vorwort

Diese Streitschrift ist nicht recherchiert und basiert nicht auf Fakten. Sie soll provozieren und damit zum Nachdenken anregen Bestehendes, was eine Lösung von Problemen erschwert oder verhindert, zu hinterfragen und neu zu gestalten.

Unser Land ist in einem schlechten Zustand. Das Schienennetz der Bahn ist marode, die Züge sind meist unpünktlich.

Ca. 4.000 Brücken müssen saniert werden, Straßenschäden werden oft nur geflickt, weil kein Geld für neue Straßen da ist.

Durch den Zustrom von Flüchtlingen ist die Kriminalität angestiegen. Die innere Sicherheit erodiert.

Unsere Schulen sind in einem sehr schlechten Zustand. Dächer und Fenster sind undicht, Toiletten teilweise kaputt. Es fehlt an Geld, um die Schulen zu sanieren.

Während der Corona-Pandemie wurden Milliarden Euro für Kompensation von unnötigen Lockdowns verpulvert.

Auch für die bauliche Vergrößerung des Kanzleramts ist genug Geld da. Das deutsche Kanzleramt ist größer als der Sitz des Präsidenten der USA. Warum? Glauben wir bedeutender zu sein als die USA?

Der Diktator

Von Politikern geführte Regierungen repräsentieren meistens eine zu liberale und schwache Demokratie, welche die Probleme des Landes selten zufriedenstellend löst. Die bessere Lösung für ein Land ist ein Diktator.

Wer ist der Diktator?

Der Diktator wird vom Volk gewählt. Er darf kein Politiker sein. Es muss ein gestandener Manager aus der Wirtschaft sein. Die Wahl wird vom Parlament organisiert. Starke Führungspersönlichkeiten werden um Kandidatur gebeten. Melden sich mehr als 2 Kandidaten, wird eine Vorentscheidung über Wahl per Internet durch Internetnutzer herbeigeführt. Die 2 Kandidaten mit den meisten Stimmen werden dem Wahlvolk zur Wahl vorgelegt.

Der vom Volk direkt gewählte Kandidat wird der Diktator für eine Amtszeit von 7 Jahren. Er wird mit umfangreichen Vollmachten ausgestattet, die ihm mehr Macht geben als einem US-Präsidenten oder einem französischen Präsidenten. Wenn eines seiner Gesetze vom Parlament nicht genehmigt wird, kann er es per Rechtsverordnung in Kraft setzen.

Er ist per Diktator-Gesetz verpflichtet, so zu handeln, dass für mindestens 70 Prozent der Bevölkerung (Einwohner) deren Wohlergehen gefördert wird.

Zum Vergleich: Bei einer Bundestagswahl reichen 47 Prozent der Stimmen für eine Regierungsmehrheit, weil alle Stimmen unter 5 % wegfallen. Bei einer Wahlbeteiligung von 65 % vertritt diese Regierung nur 47 % von 65 %, also nur

30,55 Prozent der Einwohner und fördert auch nur vorrangig das Wohlergehen dieser Gruppe.

Das Parlament kontrolliert das Handeln des Diktators. Mit 90 Prozent aller Abgeordneten-Stimmen kann ein sich als unfähig oder ungeeignet erwiesener Diktator seines Amts enthoben werden.

Der Diktator bildet eine Regierung von Fachleuten, von hochqualifizierten Managern. Die Abgeordneten haben keinen Einfluss auf die Berufung der Minister, sodass Parteiinteressen keine Rolle spielen. Anstelle von 16 Ministerien der Ampelkoalition braucht der Diktator nur 8 - 10 Ministerien.

Die Bezahlung: Der Diktator erhält ein Jahresgehalt von 5 Millionen €, seine Minister jeweils 4 Millionen € im Jahr. Diese Jahresgehälter sind steuerfrei! So gelingt es, die besten Manager für den Job zu gewinnen. Sie dürfen keine Nebeneinnahmen haben.

Im weiteren Text ist mit dem Diktator auch seine Regierung mit seinen Ministern gemeint.

War das System mit der Regierung durch Politiker korrupt?

Jede Partei, die neu an die Regierung kam, warf Parteigenossen der früheren Regierung aus ihren Ämtern und ersetzte sie durch eigene Parteigenossen. Für verdiente Parteigenossen wurden auch neue und hoch bezahlte Ämter geschaffen.

Wenn die nachfolgende Regierung mit anderen Parteien diese Leute wieder entließ, um die Posten mit eigenen Parteigenossen zu besetzen, so waren doch die entlassenen Parteigenossen für einige Zeit in der Regierung und noch für eine Übergangszeit finanziell gut versorgt.

Migrationskrise

Bisher wurden von den von Politikern geführten Regierungen die ankommenden Flüchtlinge möglichst sofort in die Kommunen geleitet. Die Kommunen gaben wegen ihrer Unterbringungspflicht den Flüchtlingen oft die neu gebauten Sozial-Wohnungen, auf die deutsche Bürger*innen seit Jahren gewartet hatten, so klagte kürzlich OB Palmer von Tübingen.

Schlimmer noch erwies sich, dass in kleineren Kommunen keine Sprachkurse und keine Integrationskurse bereitgestellt werden konnten. Schulpflichtige Kinder und Jugendliche wurden in die Schule geschickt und dabei einer für ihr Alter zutreffenden Klasse zugteilt, ohne das sie dabei dem Unterricht folgen konnten. Man stelle sich diese Belastung für die Lehrkräfte und für die Migranten vor. Schlimmer geht es wirklich nicht.

Was macht der Diktator anders?

Deutschland nimmt nur maximal 18,8 Prozent aller in die EU einreisenden Flüchtlinge auf. Das entspricht dem Anteil der Einwohner Deutschlands im Verhältnis zur Einwohnerzahl aller EU-Länder (84 Mio zu 449 Mio). Reisen illegal mehr Flüchtlinge in Deutschland ein, werden die das Kontingent übersteigenden Flüchtlinge in ein Abschiebelager eingewiesen. Nur ca. 8 %-10 % der Asylsuchenden sind politisch oder aus anderen Gründen Verfolgte. Alle anderen wollen ein besseres Leben.

In diesem Abschiebelager dürfen sie maximal 3 Monate verbleiben. Sie erhalten dabei nur die notwendige Ernährung und notdürftige medizinische Versorgung.

Ihnen wird für das Verlassen Deutschlands ein Reisegeld angeboten, damit sie in eines der Schutz bietenden Länder zurückkehren können, welches sie vor der Einreise nach Deutschland durchquert haben oder zur Rückreise in ihr Ursprungsland.

Alle Flüchtlinge werden zunächst, über das Land verteilt, in großen Aufnahmelagern untergebracht. Sie erhalten nur Sachleistungen plus Taschengeld. Den Insassen des Lagers wird der Besuch von Sprachkursen in Deutsch und die Teilnahme an Integrationskursen zur Pflicht gemacht. Der Diktator stellt an die Menschen, die zu uns kommen und finanzielle Leistungen haben wollen Anforderungen, sich in unser Gemeinwesen einzugliedern, sich zurecht zu finden und sich anzupassen. Berufliche Qualifikationen werden abgefragt und registriert.

Aus dem Auffanglager kommen nur die Flüchtlinge heraus in die Kommunen, die mindestens 1.100 bis 1.285 Worte Deutsch beherrschen, sich also in Deutsch verständigen können und erfolgreich den Abschlusstest zur Integration abgelegt haben. Diese Flüchtlinge stehen dann dem Arbeitsmarkt zu Verfügung.

Kinder der Flüchtlinge müssen soviel Deutsch lernen und beherrschen, dass sie in der Schule richtig lernen können und sprachlich gute Kinder nicht behindern.

Die Flüchtlinge kommen erst dann in die Kommunen, wenn die jeweilige Kommune den benötigten Wohnraum bereitgestellt oder geschaffen hat. Hierzu hatte OB Palmer auch auf vorhandene Vorschläge verwiesen, große Unterkünfte für Flüchtlinge zu bauen.

Eine Wohnung können nur Flüchtlinge erhalten, die einen Pass ihres Ursprungslands haben.

Migranten, die keinen Pass haben, dürfen das Auffanglager so lange nicht verlassen, bis sie sich einen Pass ihres Ursprungslandes verschafft haben. Sie bekommen auch kein Pass-Ersatzpapier, sondern nur ein Aufenthalts-Berechtigungs-Papier für das jeweilige Lager. Wer einen anderen Namen angibt, als in seinem später beschafften Pass steht, wird wegen Täuschung des Staats abgeschoben.

Das verhindert, dass Migranten mit mehreren Alias-Namen mehrfach Sozialhilfe oder ähnliches beziehen können.

Eine einfache Vorgehensweise dieser Art würde dafür sorgen, dass nicht mehr so viele Migranten nicht arbeiten und sich nur "fast paradiesisch" in unserem Sozialsystem wohlfühlen.

Die Kommunen werden verpflichtet, nur die Flüchtlinge aufzunehmen, die ihnen vom Ausländeramt zugewiesen wurden. Erscheinen in einer Kommune Flüchtlinge, die vom Ausländeramt nicht zugewiesen wurden, evtl. mit gefälschten Ersatz-Papieren, so ist die Polizei zu verständigen. Die Polizei hat dann zu klären, woher die Flüchtlinge kommen und wohin sie zu bringen sind.

Der Deal mit der Türkei funktioniert nicht mehr. Es kommen mehr Flüchtlinge aus Syrien und Afghanistan über die Türkei, Belarus und Polen oder Tschechien.

Der Diktator würde darauf dringen, dass Polen und Tschechien ihre Grenzen besser schützen und Flüchtlinge nicht reinlassen.

Der Diktator würde über die EU-Kommission auch darauf dringen, dass Tunesien kein Geld dafür erhält, keine Flüchtlinge von tunesischer Küste starten zu lassen. Im

Moment starten von Tunesien mehr Flüchtlingsboote als zuvor. Tunesien dürfte nur Geld dafür erhalten, dass es die in Italien oder Frankreich gelandeten Flüchtlinge wieder zurücknimmt.

Zur Abschiebung: Die aus Afghanistan kommenden Flüchtlinge werden in Afghanistan nicht verfolgt. Der Diktator würde massiv darauf dringen, dass Afghanistan seine Flüchtlinge wieder zurücknimmt. Mit Geld ist vieles zu erreichen.

In Syrien herrscht in 80% oder 90 % des Landes kein Bürgerkrieg mehr. Es gibt nur Kämpfe an der Grenze zur abtrünnigen Provinz Idlib. Es gibt keinen vernünftigen Grund mehr, syrische Flüchtlinge nicht in sichere Landesteile von Syrien abzuschieben.

Der Pull-Faktor: Die hohen sozialen Leistungen in Deutschland für Flüchtlinge ziehen immer mehr Wohlstandsflüchtlinge an. Kaum in Italien an Land gekommen, zieht es die Flüchtlinge nach Deutschland. Der Diktator würde deshalb per Rechtsverordnung die Leistungen für Flüchtlinge auf den Mittelwert der in den EU-Ländern gezahlten Leistungen reduzieren.

Nach welchen moralischen oder ethischen Grundsätzen müssen wir Wohlstandsflüchtlinge aufnehmen, die zuvor ihnen Schutz und Asyl bietende Länder durchquert haben, nur um von den deutschen hohen Sozialleistungen zu profitieren?

Meines Wissens gibt es keine derartige Verpflichtung.

Asylverfahren

Viele Flüchtlinge, deren Asylantrag abgelehnt wurde, schaffen es mit der Hilfe von ausgefuchsten Anwälten und zu liberalen Gerichten, dennoch als Asylant anerkannt zu werden. Viele Asylverfahren ziehe sich so über mehrere Jahre hinweg. Das belastet enorm die Verwaltungen und Gerichte, zum Teil wohl in 2 Instanzen, zum Nutzen der Anwälte und der Asylbewerber.

Der Diktator beseitigt den Anspruch von Asylbewerbern auf jegliche Gerichtsverfahren. Ein abgelehnter Asylbewerber hat Anspruch auf Einlegung einer Beschwerde bei einer von der Asylbehörde unabhängigen Behörde. Die Entscheidung dieser Beschwerde-Instanz ist dann endgültig.

Der Diktator wird die bisherigen Abschiebe-Maßnahmen zur Abschiebung abgelehnter Asylbewerber verschärfen. Er wird mit seiner Regierung den höchstmöglichen Druck auf die Länder ausüben, die bisher zögern oder sich weigern, ihre Flüchtlinge zurückzunehmen. Das kann bis zu Einreiseverboten der Regierungsmitglieder dieser Länder gehen und bis zur Beendigung der diplomatischen Beziehungen.

Der Kolumnist des Focus, Jan Fleischhauer, schreibt in seiner Kolumne vom 30.09.2023, dass die Ausländer als Bürgergeld-Bezieher alles zusammen gerechnet 37 Milliarden Euro an staatlichen Transfers erhalten.

Er verweist darauf, dass knapp die Hälfte der Bürgergeldbezieher Ausländer, also Migranten, sind, die also nicht arbeiten, obwohl es 1,7 Millionen freie Stellen gibt, davon 40.000 freie Stellen in der Gastronomie, wo die Ansprüche an Fähigkeiten bzw. Qualifikation nicht sehr hoch sind.

Klimawandel

Der Diktator würde für Bewältigung des Klimawandels nicht mehr tun, als was das Pariser Klimaschutz-Abkommen vom Land verlangt.

Deutschlands Anteil am gesamten globalen Ausstoß von CO_2 beträgt gerade mal 2 %. Auch wenn wir unseren Ausstoß von CO_2 um 60 % reduzieren, auf einen Anteil von 0,8 % vom globalen Ausstoß von Klimagasen, hat das so gut wie keine Auswirkung auf das Weltklima. Es macht deshalb keinen Sinn, unseren Wirtschaftsstandort durch zu hohe Anforderungen zu schädigen. Bekanntlich baut China viele neue Kohlekraftwerke und erhöht seinen Ausstoß an CO_2. Diese Erhöhung des Ausstoßes von CO_2 können wir durch unsere Reduzierungsmaßnahmen nicht ausgleichen.

Klima-Kleber werden wegen Nötigung per Schnellverfahren mit einem halben Jahr Gefängnis bestraft. Statt Gefängnisaufenthalt können verurteilte Klimakleber auch 7 Monate soziale Dienste in Alten- und Pflegeheimen abarbeiten gegen Kost und Logis.

Viele Bürger wollen, dass die Regierung mehr gegen den Klimawandel unternimmt. Sie sind sich nicht darüber im Klaren, dass dann die Flugpreise und vor allem die Preise für Fleischerzeugnisse stark steigen müssten. Die Erzeugung von Fleisch hat einen nicht unerheblichen Anteil an dem Ausstoß von klimaschädlichen Gasen. Ein Kilogramm Fleisch benötigt auch wesentlich mehr an landwirtschaftlicher Fläche und ein Vielfaches an Wasserverbrauch als ein Kilogramm Getreide. Außerdem wird durch die Gülle viel Nitrat ins Grundwasser gebracht, was schon viele Wasserquellen unbrauchbar gemacht hat.

Ist der Klimawandel menschengemacht? Das wird von vielen Wissenschaftlern bezweifelt, die unabhängig sind von der Mainstream-Meinung und von den Profiteuren der Bekämpfung des Klimawandels.

Es hat in der Geschichte der Erde immer wieder Eiszeiten und Warmzeiten gegeben., ohne dass Industrie, Energieerzeugung, Heizung, Verkehr und industrielle Landwirtschaft CO2, Stickstoff und Methan in die Atmosphäre geblasen haben.

Es gibt für mich keinen Zweifel, dass wieder eine Warmzeitmit der Folge der jetzigen Klimaerwärmung kommt. Darauf verweist auch die jüngste Studie, dass es in Grönland vor 400 Jahren die gleichen Temperaturen gab, wie wir sie jetzt haben, ohne dass es damals den gleichen Ausstoß von CO2 gab wie jetzt.

Es ist eine Illusion zu glauben, wir könnten mit menschlichen Maßnahmen und Mitteln einen seit Urzeiten stattfindenden Wechsel von Eiszeiten zu Normalzeiten und zu Warmzeiten aufhalten.

Warum ist die Politik mit von ihr bezahlten Wissenschaftlern nicht so ehrlich zu sagen, man wisse nicht mit absoluter Gewissheit, ob wir auf eine Warmzeit zugehen oder ob die Klimaerwärmung menschengmacht ist. Offenbar hat man Sorge, mit der Wahrheit die Menschen zu verunsichern.

Energiepreise

Der Diktator lässt die Pipelines Nordstream 1 und 2 reparieren und bezieht wieder billiges russisches Gas direkt aus Russland, anstelle das russische Gas in verflüssigter Form als LNG zu hohen Preisen aus Indien zu beziehen.

Unsere Sanktionen gegen Russland wegen des Ukraine-Kriegs schädigen nicht Russland, wie sich inzwischen gezeigt hat, sondern uns selbst. Für Russland wird ein höheres Wirtschaftswachstum erwartet, als es für unser Land prognostiziert wird.

Der Strompreis für die Industrie wird um 15 % gesenkt. Die Profite für Windradbetreiber werden von 16 % auf 8 % gesenkt. 8 % Rendite sind auch noch eine gute Verzinsung der Investition, da ja Abnahmegarantien bestehen.

Der Diktator wird alle denkbaren Maßnahmen ergreifen, um die Kosten der Stromerzeugung und der Stromverteilung zu senken. Und er wird den Strompreis für die Industrie notfalls auch um unnötige Abgaben befreien.

Wie das finanziert wird? Der Diktator wird die Wirtschaft, insbesondere die Industrie, fördern, damit als Ergebnis für den Staat hohe Steuereinnahmen erzielt werden.

Falls notwendig, wird die Umsatzsteuer erhöht werden.

Für die Übergangszeit der Verbrenner-Autos kann der Diktator auch die Umsatzsteuer im Spritpreis erhöhen und ggfs. die Miete für die Batterie in Elektroautos mit höherer Umsatzsteuer belegen.

Es liegt im Interesse aller Einwohner unseres Landes, dass wir mit Hilfe akzeptabler bis niedriger Energiepreise eine florierende Industrie haben, die Arbeitsplätze bietet und die auch die Existenz von vielen Dienstleistern sichert.

Verurteilte Straftäter outsourcen?

Der Diktator würde nach Wegen suchen, die überfüllten Gefängnisse zu entlasten. Er würde versuchen, mit Staaten wie Serbien, Nord-Mazedonien oder Bulgarien, ggfs. auch Albanien, Abkommen zu schließen, dass diese Länder Straftäter die in Deutschland zu mehr als 1 -2 Jahren Haft verurteilt wurden, in ihren Gefängnissen die Strafe absitzen lassen, gegen Bezahlung von Deutschland. Er würde dem Staat, mit dem er einen Vertrag schließt, auch Geld für den Bau von zusätzlichen Gefängnissen geben.

Das würde wohl kaum ausländische Straftäter abschrecken, aber in unseren Gefängnissen würde die Überbelegung beseitigt und es würden die Kosten für den Strafvollzug reduziert.

In solche Auslandsgefängnisse könnten auch verurteilte randalierende radikale Rechtsextremisten und radikale Linksextremisten geschickt werden

Behebung der Wohnungsnot

Der Diktator baut 500.000 Wohnungen im Jahr. Die KfW gibt Kredite mit Bauzinsen von 1,5 -2 Prozent für den Wohnungsbau. Die Grunderwerbssteuer für Wohnbauten wird auf 2 Prozent reduziert.

Der Diktator setzt etwa 80 bis 90 Prozent aller Bauvorschriften außer Kraft, außer Schallschutz, Brandschutz und Grundwasserschutz. Es müssen nicht mehr 21 Behörden ihre Zustimmung zu einem Bauvorhaben geben. Das freiwerdende Personal in den Behörden wird zur Bau-Überwachung und -Kontrolle eingesetzt.

Sofern die deutsche Bauwirtschaft nicht die Kapazitäten hat, um 500.000 Wohnungen im Jahr zu bauen, werden chinesische Baufirmen mit ihrem Personal ins Land geholt.

In China herrscht eine Immobilienkrise. Viele Wohnungen können nicht fertiggestellt werden, weil Immobilienkonzerne große Verluste machten. Baufirmen dürften erhebliche Kapazitäten freihaben.

Die chinesischen Baufirmen bauen dann in Deutschland Sozialwohnungen erdbebensicher zu ihren in China üblichen Standards, die nicht zu sehr von deutschen Standards für Einfach-Sozialwohnungen abweichen dürfen. In Deutschland oder der EU fehlendes Baumaterial wird von China importiert.

Kindergeld, Kindergrundsicherung

Migranten als Eltern, die kein ausreichendes Deutsch sprechen, bekommen nach einer Übergangszeit von 6 Monaten kein Kindergeld mehr oder zuerst nur noch 50 Prozent. Sie können Deutsch mit Hilfe von Sprachkursen online von Babbel und ähnlichen Anbietern lernen.

Ihre Kinder erhalten Sprachkurse in Deutsch, bevor sie eingeschult werden und auch später noch. Es darf nicht sein, dass Kinder von Migranten so wenig Deutsch sprechen, dass sie das Lernen von deutschsprechenden Kindern behindern.

Woher kommt das Personal? Es werden zunehmend für Sprachkurse für Kinder auch Quereinsteiger eingesetzt und Rentner, die für diese Arbeit gut bezahlt werden.

Arbeitsmarkt

Arbeitslose Migranten, die von der Arbeitsagentur wegen fehlender oder unzureichender Kenntnisse der deutschen Sprache nicht vermittelbar sind, werden aus dem System des Bürgergelds herausgenommen. Sie erhalten dann nur die Grundsicherung, nur zu 70 % oder 80 %, bis sie in einen Job vermittelbar sind.

Der Diktator wird die Sanktionsmöglichkeiten im Sinne des Förderns und Forderns verschärfen. Wenn ein Arbeitsloser einen Termin nicht einhält und keine glaubhafte Entschuldigung hat, wird ihm für 3 Monate das Bürgergeld um 15 Prozent gekürzt.

Wenn ein zweites Mal ein Termin nicht eingehalten wird oder wenn eine zumutbare Stelle abgelehnt wird oder durch ein unangemessenes Verhalten nicht zustande kommt, wird dem Arbeitslosen für 6 Monate das Bürgergeld um 30 Prozent gekürzt.

Es ist Aufgabe des Diktators, den Wohlstand des Landes zu erhöhen. Wohlstand entsteht nur durch Arbeit von Menschen. Der Diktator wird Maßnahmen ergreifen, möglichst viele der noch arbeitslosen Menschen in Arbeit zu bringen.

Fachkräftemangel beheben

Die Wirtschaftsbetriebe werden verpflichtet, in der Größenordnung von 5 Prozent ihrer Belegschaft für eine Qualifizierung geeignete Arbeitslose aus dem Bereich der Arbeitsagentur zu übernehmen und sie zu Fachkräften zu qualifizieren. In den Arbeitslosen schlummern oft unentdeckte, verborgene, Fähigkeiten, die es gilt zu heben und zu fördern.

Wirtschafsbetriebe können dieser Verpflichtung auch gerecht werden, indem sie in ihren Betrieben vorhandene Niedriglöhner höherqualifizieren und dafür bisher Arbeitslose die bisherige Arbeit der Niedriglöhner machen lassen.

Einkommenspolitik

Für Spitzen-Jobs in der Wirtschaft wird eine Deckelung der Einkommen festgelegt. Das höchste Einkommen darf nicht mehr als das 100-fache eines Facharbeiterlohns betragen. Liegt der durchschnittliche Facharbeiterlohn bei rd. 40.000 € im Jahr, so darf das höchste Einkommen der Spitzen-Manager nicht mehr als 4 Millionen € im Jahr betragen.

Wer meint, Spitzen-Manager würden dann Deutschland verlassen, irrt sich. So viele freie Spitzenpositionen für deutsche Manager im Ausland gibt es nicht.

Gehälter von Spitzen-Fußballspielern dürfen eine Million € im Jahr nicht überschreiten. Wir können auch für dieses Gehalts-Niveau gute und spitzenmäßige Fußballspieler heranbilden.

Mindestlohn

Der Diktator wird den Mindestlohn auf mindestens 15,00 € erhöhen. Das ist eine Sache der Gerechtigkeit. Wenn der Staat in der Spitze Millionen-Einkommen zulässt, die kein Mensch zum Leben wirklich braucht, muss er auch dafür sorgen, dass Menschen, die fleißig arbeiten von ihrem Lohn leben können, ohne auf staatliche Unterstützung angewiesen zu sein.

Einkommensteuer

Bis zu Einkommen von 25.000 € im Jahr sind keine Einkommensteuern zu zahlen. Danach beginnt der Steuersatz bei 5 % und steigt mit der Höhe des Einkommens an.

Ab einer Million Einkommen beträgt die Einkommensteuer 50 Prozent. Wenn meine Erinnerung mich nicht täuscht, lag in den 70-iger oder 80-iger Jahren der Höchststeuersatz sogar bei 56 %.

Für Einkommen über 4 Millionen im Jahr, falls sie entgegen der vorgeschriebenen Grenze gezahlt werden, gilt ein Einkommen-Steuersatz von 96 Prozent. Solch einen Steuersatz gab es schon einmal in Schweden, wurde aber später wieder aufgegeben.

Das Finanzsystem

Die Frage stellt sich, wie der Diktator alle seine Maßnahmen finanzieren will, ohne Schulden zu machen.

Er wird primär die Wirtschaft fördern, also deren -Wachstum und deren Gewinne. Wenn die Steuern sprudeln, besteht auch mehr Spielraum für öffentliche Investitionen.

Der Diktator wird, falls notwendig die durchschnittliche Umsatzsteuer auf 20 Prozent anheben.

Mit folgenden Ausnahmen:

Die Umsatzsteuer für Grundnahrungsmittel, wie Mehl, Brot, Zucker, Salz, Milchprodukte, Gemüse und Obst wird auf null gesenkt. Für Fleischprodukte, die ja klimaschädlich erzeugt werden und das Entstehen von Krankheiten fördern, durch z.B. Bluthochdruck, auch die Entstehung von Tumoren fördern, bleibt es beim Durchschnittssatz von 20 Prozent.

Der Durchschnittssatz 20 Prozent Umsatzsteuer gilt für alle allgemeinen Konsumprodukte, wie elektronische Geräte, Waschmaschinen usw., auch für Autos bis zu einem Verkaufspreis von 40.000 €.

Langlebige Güter, wie Möbel und Luxusgüter wie Schmuck und Autos mit einem Verkaufspreis über 40.000 € werden mit 40 Prozent Umsatzsteuer besteuert.

Das Subventions-System wird überprüft und radikal ausgelichtet.

Das Rentensystem

Arbeitnehmer, die 35 Jahre gearbeitet haben, erhalten zurzeit nur ca. 48 % ihres letzten Einkommens als Rente, meist nur rechnerisch durchschnittlich ca. 1.551 € im Monat.

Beamte erhalten nach etwa 30 oder 35 Jahren Dienstzeit ein durchschnittliches Ruhegehalt von 3.227 €. In 2024 soll dieses Ruhegehalt auf 3.598 € steigen, so berichtet der Focus im Juni 2023. Bundesbeamte haben in 2022 nach 5 Jahren Wartezeit einen Mindestanspruch auf Pension in Höhe von 1.830 €, lt. Focus.

Gemäß einer Beispielrechnung vom Focus über eine Zeit von 15 Jahren Bezug von Altersruhegeld ergibt sich folgender Vergleich auf Basis 2022, jeweils vor Abzug von Steuern und Krankenkassenbeitrag:

Beamte erhalten 580.860 €

Gesetzlich Versicherte erhalten 279.180 €.

Das ergibt als Differenz einen Vorteil für Beamten-Pensionäre in Höhe von 321.680 € in 15 Jahren.

Da ist eine zum Himmel schreiende Ungerechtigkeit.

Was macht der Diktator?

Der Diktator wird versuchen, diese Ungerechtigkeit zu beseitigen, so wie es Österreich bereits vor Jahren gemacht hat. In Österreich wurde festgelegt, dass Beamte und Arbeitnehmer der Wirtschaft alle in die gesetzliche Rentenkasse einzahlen müssen und aus dieser ihr Ruhegehalt erhalten. Deshalb ist in Österreich meist die durchschnittliche Rente höher als in Deutschland.

Da die Beamtenpension in der Verfassung festgelegt ist, müsste bei uns die Verfassung geändert werden. Daran werden wohl die Abgeordneten und Minister der von Politikern geführten Regierungen, die alle von der Beamtenpension-Regelung ebenfalls profitieren, wenig Interesse haben. Das gilt wohl auch für die verbeamteten Verfassungsrichter.

Der Diktator wird deshalb per Rechtsverordnung verfügen, dass ab sofort keine Mitarbeiter*innen staatlicher Organisationen und Behörden mehr in ein Beamtenverhältnis übernommen werden dürfen.

Des Weiteren wird der Diktator dieses ungerechte System dem Verfassungsgericht vorlegen mit der Frage, ob dieses ungleiche System noch zeitgemäß ist.

Früher waren die Bezüge der Beamten deutlich niedriger als die Einkommen in der privaten Wirtschaft. Doch seit vielen Jahren haben die Einkommen der Beamten das gleiche Niveau erreicht wie vergleichbare Positionen und Qualifikationen in der privaten Wirtschaft.

Es ist eigentlich unverständlich, dass bisher weder die IG Metall oder eine andere Industrie-Gewerkschaft oder jemand aus der Zunft der Rechtsanwälte dieses ungleiche System dem Verfassungsgericht zur Überprüfung vorgelegt hat. Vielleicht liegt es daran, dass viele Gewerkschafter und auch Rechtsanwälte Bundestags- und Landtagsabgeordnete sind, also vom bisherigen System profitieren.

Der Diktator wird, wie es auch andere Länder machen, das Umlage-System der Rente durch eine durch Aktien-Stock gedeckte Rente ergänzen. Er wird jährlich 20 Milliarden Euro in Aktien mit guter Dividende investieren.

Das Gesundheits-System

Am Gesundheits-System wird auch der Diktator nichts Grundlegendes reformieren können.

Die Menschen machen den Fehler, dass sie sich falsch ernähren, dass sie aus Gewohnheit oder aus Frust zu viel essen, übergewichtig werden, sich zu wenig bewegen, zu viel negativ denken und dadurch erkranken. Dann erwarten sie, dass der Arzt sie wieder gesund macht. Das kann nicht gelingen. Denn die Patienten übernehmen nicht die Verantwortung für ihren Zustand. Der Arzt kann also nur an den Symptomen herumkurieren, nicht die Ursachen beseitigen.

Die im Gesundheits-System Beschäftigten können prinzipiell auch kein wirkliches Interesse daran haben, dass ihre Patienten gesund werden. Denn dann wären sie ja arbeitslos. Die Pharma-Industrie könnte keinen Umsatz machen, was Insolvenzen und Arbeitslose erzeugen würde.

Der Diktator würde dennoch ständige Informations-Kampagnen durchführen mit Aufklärung der Menschen, wie sie sich gesünder ernähren können und wie sie gesund bleiben.

So würde z.B. der Verzicht auf Schweinefleisch so manche Hüft-OP überflüssig machen. Nach vielen Jahren Verzehr von Schweinefleisch wird die Low Zone Tolerance für das Schweineprotein, ein dem Menschen ähnliches Protein, überschritten und das Immunsystem greift das körperfremde Protein an, z.B. im Hüftgelenk die Sinovia-Membran und zerstört sie.

Negatives Denken und Verhalten macht auch krank. Alle die Sünden, die der katholische Katechismus aufzählt, belasten das Zellenheer des menschlichen Körpers. Die Zellen erhalten zunehmend weniger geistige Energien, werden wohl auch mehr und mehr geschwächt oder blockiert, so dass die Organe erkranken können.

Wie sich unterschiedliche Denkweisen im Körper bemerkbar machen können, habe ich im Bekanntenkreis erlebt. Ein Ehepaar ernährte sich mit magerem Fleisch. Aber Mann und Frau hatten ständig an ihren Nachbarn etwas auszusetzen, redeten schlecht über sie. Sie hatten im Alter große Probleme mit ihrer Galle bis zur Entfernung der Galle. Das andere Ehepaar aß ständig fettes Fleisch, lebte aber in Harmonie und im Frieden mit den Nachbarn. Sie hatten überhaupt keine Probleme mit der Galle oder der Leber.

Mit den Informations-Kampagnen wird es dem Diktator gelingen, die Anzahl der Kranken zu reduzieren. Dann haben die Ärzte nicht mehr so viele Patienten und die Kranken erhalten schneller einen Termin beim Hausarzt und beim Facharzt.

Bürokratie-Abbau

Die deutschen Unternehmen ächzen unter der Last der vielen Regulierungen und Vorschriften. Genehmigungsverfahren dauern in Deutschland viel länger als in den USA und anderen modernen Ländern. Unternehmen weichen deshalb vielfach bei Neuinvestitionen in die USA aus. Das führt langfristig zur De-Industrialisierung in Deutschland.

Jede unserer Regierungen hat in der Vergangenheit versprochen, die Bürokratie abzubauen. In Wirklichkeit hat jede der Regierungen noch mehr Bürokratie geschaffen. Die Ampelregierung hat darin einen Spitzenwert erreicht. Sie hat zigtausende neue Beamtenstellen geschaffen, ich glaube es sind ca. 50.000 oder sogar 70.000. Diese Beamten müssen nun beschäftigt werden.

Der Diktator würde die Zahl der Beamten und Angestellten in der Regierung, in den Ministerien, um 20 bis 30 Prozent reduzieren.

Zum Bürokratieabbau

Der Diktator wird eine Kommission einrichten, die sich zunächst in den USA und in anderen Ländern mit schnellen Genehmigungsvorhaben von Investitionen und in Ländern mit wenig Bürokratie informieren wird. Sie wird mit ihren Vorschlägen von diesen Ländern lernen.

Auf der Basis der Informationen und der Vorschläge dieser Kommission für Bürokratieabbau wird der Diktator innerhalb von 2 Jahren die bürokratischen Vorschriften um ca. 50 Prozent abbauen, sie ersatzlos streichen.

Öffentlich rechtlicher Rundfunk mit Fernsehen

ARD und ZDF haben sich im Laufe der Jahre immer mehr ausgedehnt, über die im Grundgesetzt vorgesehene Grundversorgung weit hinaus. Es wurden immer mehr Programme geschaffen und angeboten. Das entwickelte sich ähnlich einem sich ausbreitenden Krebsgeschwür.

ARD und ZDF wollen dafür immer höhere Gebühren haben. Für Fußballsendungen zahlten sie immer höhere Beträge an den DFB zu Lasten der Gebührenzahler und zur Mitfinanzierung der Millionen-Einkünfte der Fußballer.

Die Gebührenschraube nimmt seit Jahren kein Ende.

Der Diktator stoppt die Gebührenschraube. Er verpflichtet ARD und ZDF, 30 Prozent ihrer Programme einzustellen. Falls die gültigen Gebühren zukünftig nicht ausreichen, müssen ARD und ZDF anstelle einer Gebührenerhöhung weitere Programm einstellen.

Das Bildungswesen

Deutschland ist ein rohstoffarmes Land, ähnlich wie Japan. Japan tut daher sehr viel für die Bildung seiner Bürger. Für beste Ausbildung in den Schulen und Universitäten.

Bildung, Wissen, sind der Rohstoff des Intellekts. Wer keine erdgebundenen Rohstoffe hat, muss mehr in den Rohstoff des "Geistes investieren", gemeint ist der Intellekt, auch wenn oft von Intelligenz gesprochen wird. Das ist eine Binsen-Weisheit. Aber wird dementsprechend gehandelt?

In Bezug auf die Bildung, die Vermittlung von Wissen, die Förderung selbständigen Denkens tut Deutschland seit vielen Jahren viel zu wenig. Bei internationalen Vergleichen rutscht Deutschland auf immer tiefere Plätze ab. Ein Grund ist, dass viele Kinder von Migranten, die kaum Deutsch sprechen können, in die Schulklassen geschleust werden.

Das Ergebnis ist, dass viele Schüler nicht ausreichend lesen, schreiben und rechnen können und Schwierigkeiten beim Verstehen von Texten haben.

Ein weiterer Grund ist die Gleichmacherei von SPD, Grünen und Linken. Menschen sind unterschiedlich begabt und befähigt. Die Gleichmacherei führt zu einem niedrigeren Bildungs- und Wissens-Niveau. Und dieses niedrigere Niveau lässt uns international abfallen. Das wird später sehr negative Auswirkungen auf die Wettbewerbsfähigkeit unserer Industrie haben. Es wird Verluste von Wohlstand bedeuten. Die Menschen in Deutschland werden im Vergleich mit EU-Ländern und dem Ausland mit hohem Bildungs-Niveau, z.B. Schweden, Belgien, USA, Japan, Singapore, China usw. gravierend zurückfallen.

Ein weiterer Grund für die Bildungsmisere ist, dass die Kultusministerien der Bundesländer es zugelassen haben, dass Lehrkräfte von den Schülern beleidigt, verhöhnt, gedemütigt und sogar gewalttätig angegriffen wurden und von Eltern und Schülern bedroht wurden.

Das "Mobbing" durch Schüler am Arbeitsplatz hat viele Lehrkräfte frustriert. Sie haben Dienst nach Vorschrift gemacht, sind vielfach krank geworden. Ihre frühere Hingabe an ihren Beruf und an ihre Lehrtätigkeit ist ziemlich gegen Null gegangen. Nicht verwunderlich bei den herrschenden Zuständen.

Was würde ein Diktator ändern?

Er würde den Kultusministerien der Bundesländer einige Kompetenzen nehmen bzw. ihnen Vorgaben machen, wie sie das Bildungswesen in ihren Bundesländern zu verbessern haben.

Die erste Maßnahme wäre, dass vor der Einschulung von Kindern ein Sprachtest zur Pflicht gemacht wird. Wer den Sprachtest nicht besteht, wird nicht eingeschult, sondern kommt in eine Vorschulklasse, wo die Kinder die deutsche Sprache erlernen.

Eine weitere Maßnahme wäre, dass gerade angekommene jugendliche Migranten nicht mehr in eine ihrem Alter gemäße Schulklasse kommen, sondern erst in Sprachkursen die deutsche Sprache lernen und vollständig beherrschen müssen. Erst dann kann probiert werden, für welche Schulklasse sie geeignet sind, ohne den Lehrbetrieb zu behindern.

Des Weiteren verfügt der Diktator, dass Kinder und Jugendliche, die in der Schulklasse oder der Schule sich unangemessen verhalten, also gegenüber dem Lehrpersonal oder

Schulkameraden*innen Schwierigkeiten machen, nach einer fruchtlosen Abmahnung, dem Sorgerecht der Eltern entzogen und in Sonderschulen für schwer erziehbare Jugendliche internatsmäßig untergebracht werden, wobei den Eltern das Kindergeld entzogen wird.

Was unangemessenes Verhalten ist, entscheiden allein die Lehrkräfte, deren Entscheidung von Gerichten nicht überprüft werden kann. Damit wird auch den von CDU-Chef Merz kritisierten "kleinen Paschas" jegliche Wirkungsmöglichkeit entzogen.

Der Diktator gibt damit den Lehrkräften wieder eine Plattform zurück, auf der sie mit Hingabe und Freude mit Erfolg für ihre Schüler*innen arbeiten können.

Schüler*innen ohne Abschluss

In letzter Zeit hat sich die Anzahl der Schüler vergrößert, welche die Schule ohne Abschluss verlassen. Das mag verschiedene Gründe haben. Es soll Hartz-IV-Empfänger in der dritten Generation geben. Solche Eltern werden vermutlich ihren Kindern sagen, dass sie sich nicht anstrengen müssen, etwas zu lernen, da sie nicht arbeiten müssen, weil sie wie die Eltern von Hartz IV, jetzt "Bürgergeld" genannt, gut leben können. Man liest, dass auch manche muslimischen Familien den Wert von guter Schulbildung nicht erkannt haben sollen.

Es geben Anzeichen, so liest man, dass sich zukünftig die Zahl der Schulabgänger ohne Abschluss vergrößern werde. Dem würde der Diktator entgegensteuern. Er würde verfügen, dass keiner der Schüler*innen die Schule ohne Abschluss verlassen dürfe, sofern die vorhandene Intelligenz zu einem Schulabschluss ausreicht.

Lernfaule Schüler*innen ohne Abschluss werden ein weiteres Jahr im Schulsystem gehalten. Die Eltern bekommen in diesem Jahr nur noch die Hälfte des Kindergelds. Müssen Schüler*innen noch ein zweites Jahr im Schulsystem verbleiben zur Erlangung eines Abschlusses, so erhalten die Eltern im zweiten Jahr kein Kindergeld mehr.

Die Eltern von Schüler*innen erhalten ein Faltblatt, in dem sie über die vom Diktator verfügten Änderungen im Schulsystem informiert werden

Der Diktator wird eine gezielte Eliteförderung betreiben. Besonders begabte Schüler*innen werden, wenn die Eltern einverstanden sind, internatsmäßig von hochqualifizierten Lehrkräften gefördert.

Jedes Land braucht Eliten, in Wirtschaft und Verwaltung, um im globalen Wettbewerb bestehen und Wohlstand erhalten und vermehren zu können.

Sanierung der Schulen

Der Diktator wird ein finanzielles Sonderprogramm auflegen, mit dessen Hilfe die Schulen saniert werden können.

Lehrpersonal

Woher kommt das Lehrpersonal, das für die Maßnahmen des Diktators benötigt wird?

Zunächst werden viele, jetzt noch kranke, Lehrkräfte wieder gesunden und arbeitsfähig sein. Lehrkräfte, die aufgrund der bisherigen Missstände den Beruf gewechselt hatten, werden wieder zurückkehren, mit einem finanziellen Bonus belohnt.

Es werden viele Quereinsteiger angeworben werden. Alle Lehrkräfte in den Grundschulen, Klassen 1 bis 4, könnten aus Quereinsteigern bestehen. Die vielleicht 2 zweistündige Vorlesungen über Pädagogik besuchen sollten.

Fehlende pädagogische Ausbildung? Die Pädagogik wird überbewertet. In den Industriebetrieben findet laufend ein Lernen statt, auch ohne Ausbildung in Pädagogik.

Die Erfahrung hat gezeigt, dass Schüler*innen gute Leistungen vollbringen, wenn sie ihre Lehrkraft mögen, lieben, wertschätzen. Sind sie mit der Lehrkraft unzufrieden, mögen sie sie nicht, gehen die Leistungen den Bach runter. Welche Rolle spielt da die Pädagogik?

Meine Mutter ging in eine Dorfschule. Da waren 4 Jahrgänge in einem Klassenraum, die unterrichtet wurden. Der Dorflehrer war bestimmt nicht in Pädagogik ausgebildet. Meine Mutter konnte fehlerlos schreiben, und rechnen und verstand Texte. Gleiches konnte ich von meiner Schwiegermutter sagen, die auch nur eine einfache Schule besucht hatte.

Beendigung des Ukraine-Kriegs

Der Diktator würde sich bemühen, den so genannten Ukraine-Krieg, den verwerflichen Angriffskrieg Russlands gegen die Ukraine schnellstens zu beenden.

Ein Festhalten an moralischen Maßstäben führt nicht weiter, sondern es muss realpolitisch gedacht werden.

Für die vielen Milliarden Dollar und Euro, mit denen Waffen hergestellt und anschließend vernichtet werden, für die vielen Millionen Schuss Granaten und Raketen, die die Menschen töten und die Atmosphäre verpesten, könnte stattdessen viel gegen den Hunger in der Welt getan werden.

Macht es Sinn, dass hunderttausende Menschen bei beiden Konfliktparteien sterben und zum Krüppel werden, nur für die Eroberung und Rückeroberung von einigen Quadratkilometern Land, nur für das Festhalten an der territorialen Integrität? Macht es Sinn, das ganze Landstriche dem Erdboden gleichgemacht und Fabriken und Wohngebäude zerstört werden, dass ganze Landstriche von Minen zu räumen sind, was gar nicht vollständig gelingen kann, sodass auch später noch Menschen getötet und schwer verletzt werden?

Es muss mal Schluss gemacht werden mit dem Sterben auf beiden Seiten.

Die Ukraine wird mit Gegenoffensiven nicht alles Land zurückerobern können, was Russland erobert hat. Es wird sich mit dem Verlust dieser Gebiete abfinden müssen. Je früher man zu dieser Erkenntnis kommt, umso besser für die im Krieg befindlichen Menschen.

Unser früherer deutscher Außenminister Sigmar Gabriel sagte vor einiger Zeit, "Russland kann man nicht besiegen". Er hat recht. Weder Napoleon noch Hitler konnten Russland besiegen.

Russland hat schnell gelernt, wie es westliche Panzer zerstören kann und bei modernsten Raketenwerfern Himars die GPS-Signale so stören kann, dass die Raketen nicht am anvisierten Ziel ankommen, sondern irgendwo anders. Russland produziert 250.000 bis 400.000 Granaten jeden Monat, die USA nur 14.000 Granaten im Monat, was demnächst verdoppelt werden soll. Russlands Hyperschallraketen zerstören amerikanische Patriot-Raketenabwehrsysteme.

Es kommt oft das Argument, das es Russland ermutigen würde, andere Gebiete in Europa erobern zu wollen und zu können, wenn man einem Frieden auf der Basis der jetzigen Frontlinie zustimmen würde.

Dieses Argument ist nicht stichhaltig. Russland hat bisher nicht versucht, sich frühere Sowjet-Republiken, wie Belarus, Usbekistan, Armenien, Georgien, Aserbeidschan usw. anzugliedern. Die Ukraine hatte sich seit Jahren feindselig gegen Russland verhalten. Insofern ist die Ukraine ein Sonderfall.

Ebenso ist die gängige Behauptung, die Ukraine würde für unsere Sicherheit kämpfen, in keiner Weise stichhaltig.

Russland hat in seinem Eroberungskrieg erkennen müssen, dass seine Militärmacht nicht so stark ist, wie seine Militärs und die Regierung geglaubt hatten. Das war auch eine bittere Erkenntnis! Russland wird daher nicht nach weiteren Eroberungen streben, auch wenn einige wenige nationalistische Kräfte in Russland von der Wiederherstellung alter sowjetischer Größe träumen. Aber auch in der Türkei träumen Menschen von der Wiederherstellung eines großen Turk-Reichs, ohne dass wir deshalb unsere Sicherheit gefährdet sehen.

Russland hat erkennen lassen, dass es sich für einen Frieden mit den eroberten Gebieten und dem Besitz der Krim zufriedengeben würde. Das wäre immerhin eine Grundlage für Friedensgespräche.

Der Diktator würde bisher bekannte Friedenspläne studieren und mit den Alliierten auf der Basis des vielversprechendsten Konzepts auf Friedensverhandlungen zusteuern, ggfs. auch über den Kopf der ukrainischen Regierung hinweg.

Ein vielversprechendes Konzept eines Friedensplans wurde vor einiger Zeit von der Europa-Universität Viadrina vorgelegt mit Frieden für die Ukraine und mit Einbindung von Russland in eine neue Weltordnung. Das ist ein Konzept, das über eine isolierte Beendigung des Konflikts hinausgeht und eine zukünftige Ordnung schafft, die sowohl die Interessen Russlands wie auch des Westens berücksichtigt.

Übrigens: 2015 erschien von George Curtisius bereits ein Buch mit Titel "Friedenslösung für Ukraine und Irak/Syrien", in englischer Sprache als: "Peace Solution for Ukraine and Iraq/Syria". Das Buch macht auch Vorschläge zum Konflikt zwischen Serbien und dem Kosovo.

Fazit

Das Diktator-System erfordert eine Änderung der Verfassung. Wie das gelingen kann, beschreibt ein späteres Buch.